mokykla - məktəp	2
kelionė - səyəxət	5
transportas - transport	8
miestas - şəhər	10
kraštovaizdis - tirə-yün	14
restoranas - restoran	17
prekybos centras - supermarket	20
gėrimai - eçemləklər	22
maistas - azıq	23
ūkininko ūkis - çeftlek	27
namas - yort	31
svetainė - qunaq bülməse	33
virtuvė - aş bülməse	35
vonios kambarys - yuınu bülməse	38
vaiko kambarys - bala bülməse	42
drabužis - kiyem	44
biuras - ofis	49
ekonomika - iqtisad	51
profesijos - hönərlər	53
įrankiai - ələtlər	56
muzikos instrumentai - muzıka alətləre	57
zoologijos sodas - xaywan baqçası	59
sportas - sport törləre	62
užsiėmimai - itkenləklər	63
šeima - ğailə	67
kūnas - tən	68
ligoninė - xastaxanə	72
nelaimingas atsitikimas - kiçektergesez xəl	76
Žemė - Cir	77
laikrodis - səğət	79
savaitė - atna	80
metai - yıl	81
formos - şəkellər	83
spalvos - töslər	84
priešingos reikšmės žodžiai - qapma-qarşılıqlar	85
skaičiai - sannar	88
kalbos - tellər	90
kas / ką / kaip - kem / nərsə / niçek	91
kur - qayda	92

Impressum
Verlag: BABADADA GmbH, Nedderfeld 112 , 22529 Hamburg
Geschäftsführer / Verlagsleitung: Harald Hof
Druck: Books on Demand GmbH, In de Tarpen 42, 22848 Norderstedt

Imprint
Publisher: BABADADA GmbH, Nedderfeld 112 , 22529 Hamburg, Germany
Managing Director / Publishing direction: Harald Hof
Print: Books on Demand GmbH, In de Tarpen 42, 22848 Norderstedt

mokykla
məktəp

- dalinti bülū
- lenta / taqta
- klasė / sıynıf bülməse
- mokyklos kiemas / məktəp ixatası
- mokytojas / uqıtuçı
- popierius / kəğəz
- rašyti / yazarğa
- rašiklis / qələm
- rašomasis stalas / östəl
- liniuotė / sızğıç
- knyga / kitap
- mokinys / uquçı

kuprinė
buqça

penalas
qələmdan

pieštukas
qırandaş

drožtukas
qələm oçlağıç

trintukas
betergeç

piešimo bloknotas
rəsem dəftərə

piešinys
rəsem

teptukas
pumala

dažų dėžutė
buyawlar tartması

žirklės
qayçı

klijai
cilem

vadovėlis
dəftər

namų darbai
öy eşe

numeris
san

pridėti
quşu

atimti
alu

dauginti
tapqırlaw

skaičiuoti
isəpləw

raidė
xəref

abėcėlė
əlifba

žodis
süz

mokykla - məktəp

tekstas	skaityti	kreida
tekst	uqırğa	aqbur

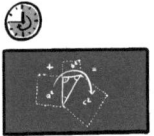 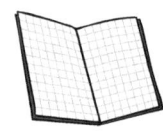 

pamoka	dienynas	egzaminas
dərs	sıynıf jurnalı	imtixan

pažymėjimas	mokyklinė uniforma	išsilavinimas
sertifikat	məktəp forması	məğərif

enciklopedija	universitetas	mikroskopas
ensiklopediyə	universitə	mikroskop

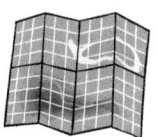 

žemėlapis	šiukšliadėžė
xarita	çüp qəğəz çiləge

mokykla - məktəp

kelionė
səyəxət

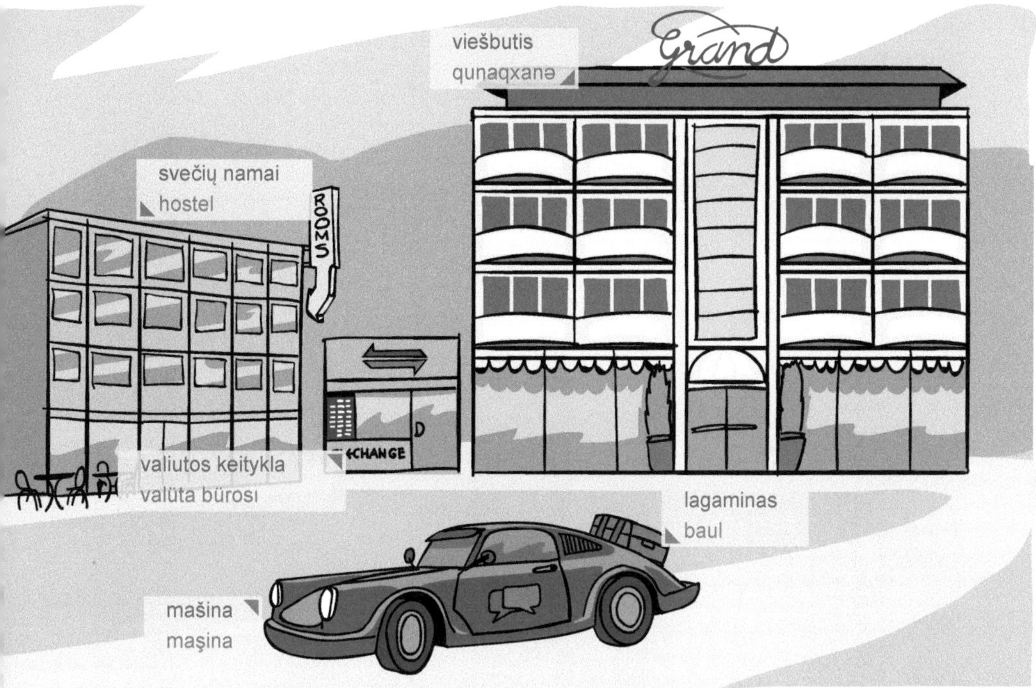

viešbutis
qunaqxanə
Grand
svečių namai
hostel
ROOMS
CHANGE
valiutos keitykla
valüta bürosı
lagaminas
baul
mašina
maşina

kalba

tel

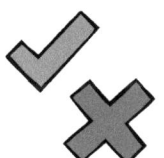

taip / ne

əye / yuq

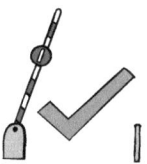

Gerai

yarar

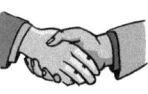

sveiki

isənmesez

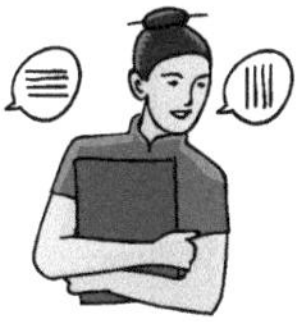

vertėjas raštu

tərceməçe

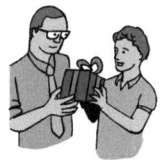

Ačiū

Rəxmət

kiek kainuoja...?
... küpme tora?

aš nesuprantu
min añlamıym

problema
problem

Labas vakaras!
Xəyerle kiç!

Labas rytas!
Xəyerle irtə!

Labos nakties!
Tınıç yoqı!

viso gero
saw bulığız

kryptis
yünəleş

bagažas
bagaj

krepšys
buqça

kuprinė
bištər

svečias
qunaq

kambarys
bülmə

miegmaišis
yoqı qapçığı

palapinė
çatır

kelionė - səyəxət

turizmo informacija

turist məğlüməte

paplūdimys

qomsal

kreditinė kortelė

kredit kərte

pusryčiai

irtənge aş

pietūs

töşlek

vakarienė

kiçke aş

bilietas

bilet

liftas

lift

pašto ženklas

marka

siena

çik

muitinė

tamğaxanə

ambasada

ilçelek

viza

viza

pasas

pasport

kelionė - səyəxət

transportas
transport

keltas
boram

valtis
köymə

mopedas
motosiklət

policijos automobilis
polisə maşınası

lenktyninis automobilis
uzış maşınası

nuomojamas automobilis
kiralıq maşına

bendras automobilio
naudojimas
karşering

techninės pagalbos
automobilis
tartuçı

šiukšliavežė
çüp töyəre

variklis
motor

degalai
yağulıq

degalinė
benzinlek

kelio ženklas
trafik bilgese

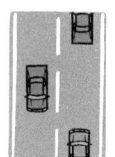

eismas
xərəkət

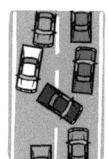

eismo spūstis
böke

mašinų stovėjimo aikštelė
parking

traukinių stotis
stansa

bėgiai
rəy

traukinys
trən

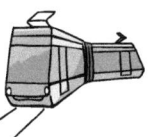

tramvajus
tramway

vagonas
vagon

sraigtasparnis
boralaq

oro uostas
hawa alanı

bokštas
manara

keleivis
yulçı

konteineris
konteyner

dėžė
alap

vežimėlis
yök arbası

krepšys
səbət

pakilti / nusileisti
qalqu / töşü

miestas
şəhər

kaimas
awıl

miesto centras
şəhər üzəge

namas
yort

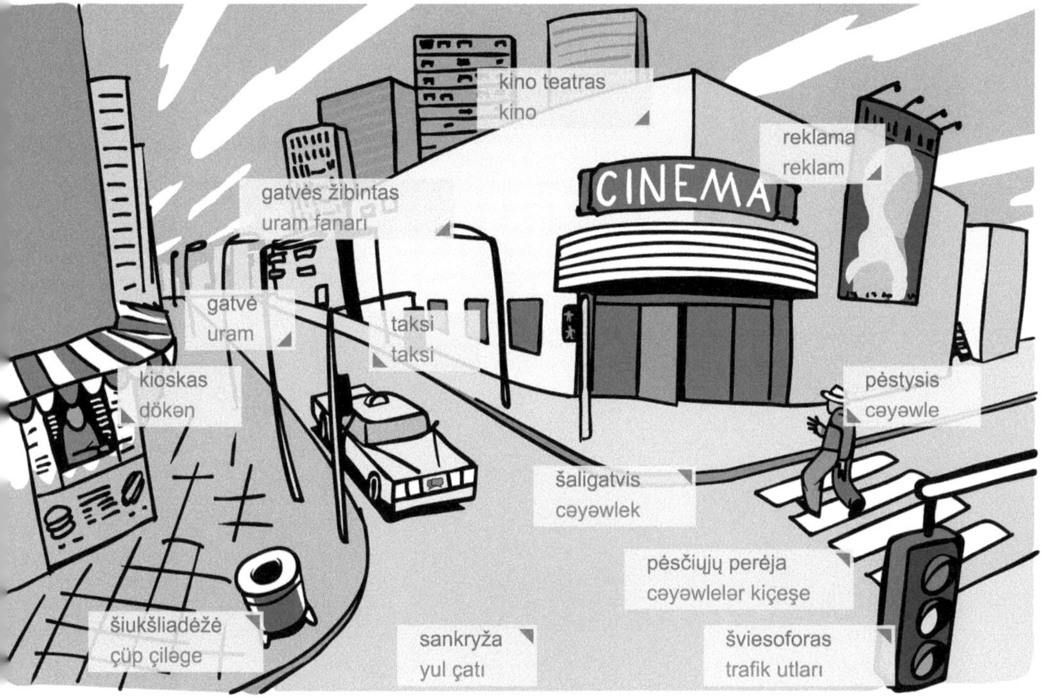

trobelė
alaçıq

butas
fatir

traukinių stotis
stansa

rotušė
şəhər xakimiyəte

muziejus
yədkərxanə

mokykla
məktəp

miestas - şəhər

universitetas

universitə

bankas

bank

ligoninė

xastaxanə

viešbutis

qunaqxanə

vaistinė

daruxanə

biuras

ofis

knygynas

kitap kibete

parduotuvė

kibet

gėlių parduotuvė

çəçək kibete

prekybos centras

supermarket

turgus

bazar

universalinė parduotuvė

zur kibet

žuvies parduotuvė

balıq kibete

prekybos centras

səwdə üzəge

uostas

liman

miestas - şəhər

parkas
park

suoliukas
eskəmiyə

tiltas
küper

laiptai
basqıç

metro
metro

tunelis
tunnel

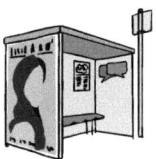

autobusų stotelė
awtobus tuqtalışı

baras
bar

restoranas
restoran

lauko pašto dėžutė
yamıl tartması

kelio ženklas
uram bilgese

parkomatas
parking sanağıçı

zoologijos sodas
xaywan baqçası

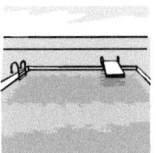

baseinas
xəwezxanə

mečetė
məçet

miestas - şəhər

ūkininko ūkis
çeftlek

tarša
kerlelek

kapinės
zirat

bažnyčia
çirkəw

žaidimų aikštelė
uyın alanı

šventykla
ğibädätxanä

kraštovaizdis
tirə-yün

lapas
yafraq

kelio rodyklė
yul kürsətkeçe

kelias
yul

pieva
bolın

akmuo
taş

medis
ağaç

ėjikas
yöreşçe

upė
yılğa

žolė
ülən

gėlė
çəçək

kraštovaizdis - tirə-yün

slėnis
üzən

kalva
qalqulıq

ežeras
kül

miškas
urman

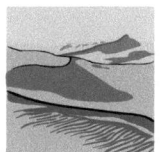
dykuma
çül

ugnikalnis
yanartaw

pilis
nığıtma

vaivorykštė
salawat küpere

grybas
gömbə

palmė
palma

uodas
çerki

musė
çeben

skruzdėlė
qırmısqa

bitė
bal qortı

voras
ürməküç

kraštovaizdis - tirə-yün

vabalas
qoñğız

varlė
baqa

voverė
tiyen

ežys
kerpe

kiškis
quyan

pelėda
yabalaq

paukštis
qoş

gulbė
aqqoş

šernas
qaban duñğızı

elnias
bolan

briedis
poşıy

užtvanka
tuan

vėjo jėgainė
cir turbinı

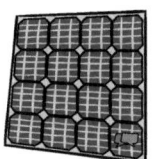

saulės baterija
qoyaş panele

klimatas
iqlim

kraštovaizdis - tirə-yün

restoranas
restoran

- padavėjas / tabınçı
- meniu / saylaq
- kėdė / urındıq
- sriuba / aş
- pica / pitsa
- stalo įrankiai / çəneçke-pıçaq taqımı
- staltiesė / aşyawlıq

užkandis
qabımlıq

pagrindinis patiekalas
töp aşamlıq

desertas
tatlı

gėrimai
eçemleklər

maistas
azıq

butelis
şeşə

greitai pateikiamas maistas
fastfud

gatvės maistas
uram rizığı

arbatinukas
çəygün

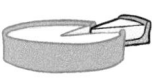

cukrinė
şikər sawıtı

porcija
salım

espreso aparatas
espresso maşinı

aukšta kėdė
biyek urındıq

sąskaita
xisap

padėklas
töger

peilis
pıçaq

šakutė
çəneçke

šaukštas
qaşıq

arbatinis šaukštelis
çəy qaşığı

servetėlė
tastımal

stiklinė
tustağan

restoranas - restoran

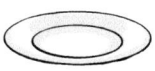

lėkštė
tabaq

sriubos lėkštė
aş tabağı

padėklas
cəypək

padažas
sous

druskinė
toz sawıtı

pipirų malūnėlis
borıç tegerməne

actas
serkə

aliejus
sıyıq may

prieskoniai
təmlətkeç

kečupas
ketçup

garstyčios
xərdəl

majonezas
mayonez

restoranas - restoran

prekybos centras
supermarket

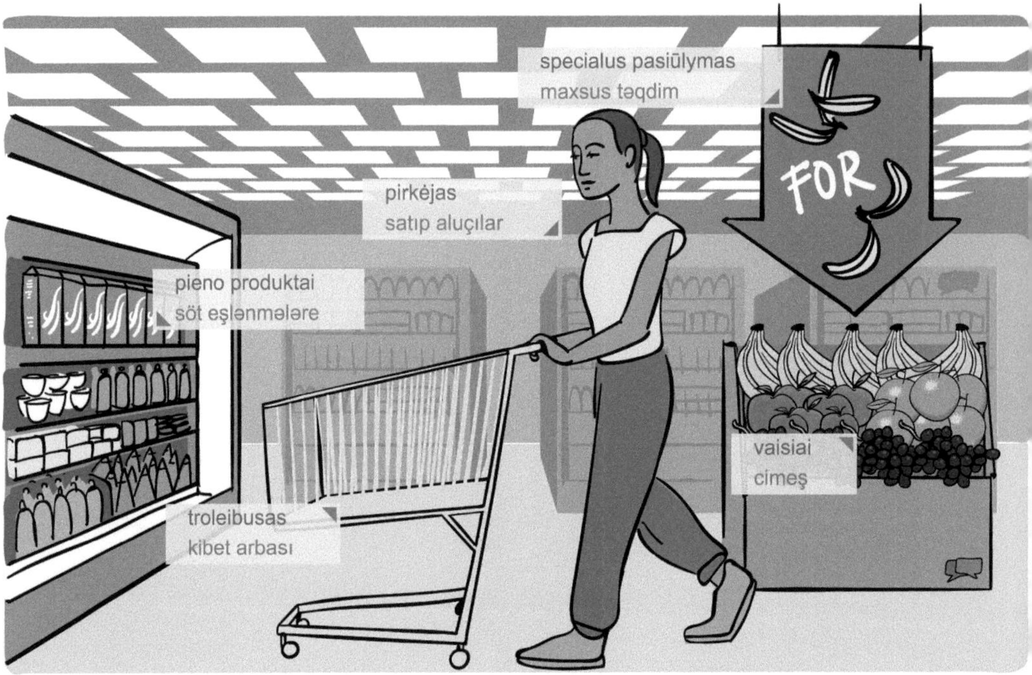

specialus pasiūlymas
maxsus təqdim
pirkėjas
satıp aluçılar
pieno produktai
söt eşlənmələre
vaisiai
cimeş
troleibusas
kibet arbası

BUTCHERS

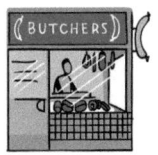

mėsos parduotuvė

it kibete

BAKERY

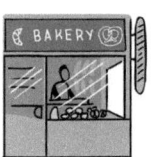

kepykla

ikməkxanə

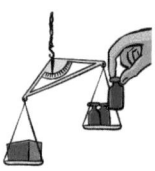

sverti

ülçəw

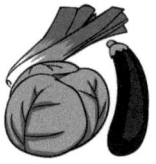

daržovės

yəşelçə

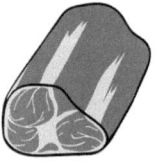

mėsa

it

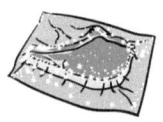

šaldytas maistas

tuñdırılğan aşamlıqlar

šalti mėsos užkandžiai
suıq it

konservai
kənsirləngən aşamlıq

skalbimo milteliai
ker tuzı

saldumynai
şikərləmələr

ūkinės prekės
öy eşlənmələre

valymo priemonės
təmizlek eşlənmələre

pardavėja
satuçı

kasos aparatas
yazuçı kassa

kasininkas
kassir

pirkinių sąrašas
satıp alu isemlege

darbo valandos
eş waqıtı

piniginė
qalta

kreditinė kortelė
kredit kərte

maišelis
buqça

plastikinis maišelis
plastik qapçıq

prekybos centras - supermarket

gėrimai
eçemlekler

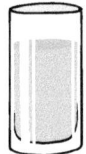
vanduo
su

sultys
sut

pienas
söt

kola
kola

vynas
şərəb

alus
sıra

alkoholis
xəmer

kakava
kakao

arbata
çəy

kava
qəhwə

espresas
espresso

kapučinas
kapuçino

gėrimai - eçemlekler

maistas
azıq

bananas
banan

obuolys
alma

apelsinas
əflisun

arbūzas
qarbız

citrina
limon

morka
kişer

česnakas
sarımsaq

bambukas
bambu

svogūnas
suğan

grybas
gömbə

riešutai
çikləweklər

makaronai
toqmaç

maistas - azıq

spagečiai	ryžiai	salotos
spagetti	döge	salat

traškučiai	keptos bulvės	pica
çips	qızdırılğan bərəñge	pitsa

mėsainis	sumuštinis	pjausnys
hamburger	sandwiç	kətlit

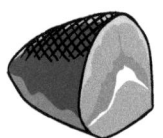

kumpis	saliamis	dešrelė
ветчина	salami	sosis

vištiena	kepsnys	žuvis
tawıq ite	qızdırma	balıq

maistas - azıq

avižų dribsniai
solı izməse

dribsniai su priedais
müsli

kukurūzų dribsniai
məkkəy keterdege

miltai
on

prancūziškasis ragelis
kruassan

bandelė
ipi tügərəge

duona
ikmək

skrebutis
tost

sausainiai
kətərməç

sviestas
may

varškė
eremçek

tortas
kəyk

kiaušinis
yomırqa

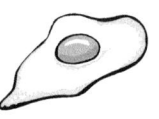
kiaušinienė
təbə

sūris
pəynir

maistas - azıq

ledai	cukrus	medus
tuñdırma	şikər	bal

uogienė	tepamas šokoladas	karis
qaynatma	şokolad izməse	karri

ūkininko ūkis
çeftlek

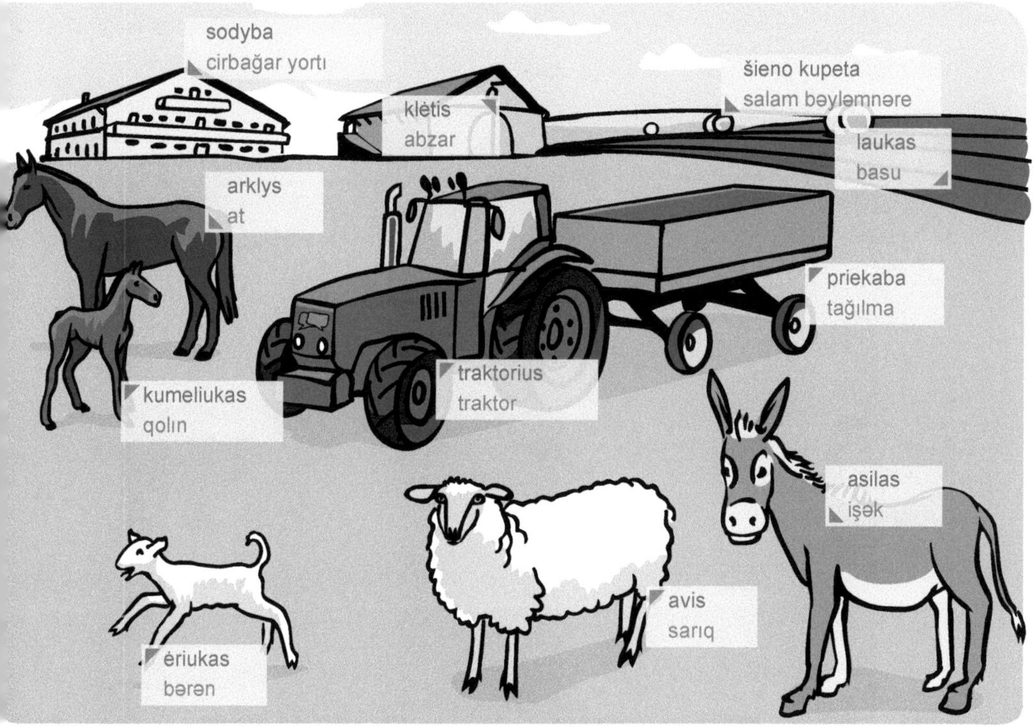

sodyba
cirbağar yortı

šieno kupeta
salam bəylǝmnǝre

klėtis
abzar

laukas
basu

arklys
at

priekaba
tağılma

kumeliukas
qolın

traktorius
traktor

asilas
işǝk

ėriukas
bǝrǝn

avis
sarıq

ožys
kǝcǝ

karvė
sıyır

veršis
bozaw

kiaulė
duñğız

paršelis
duñğız balası

bulius
ügez

žąsis
qaz

antis
ürdǝk

viščiukas
çebi

višta
tawıq

gaidys
ǝtǝç

žiurkė
küse

katė
pesi

pelė
tıçqan

jautis
eş ügeze

šuo
et

šuns būda
et oyası

sodo namas
baqça xortumı

laistytuvas
susipkeç

dalgis
çalğı

plūgas
saban

ūkininko ūkis - çeftlek

pjautuvas
uraq

kauptukas
kitmən

šakės
sənək

kirvis
balta

statinė
qul arbası

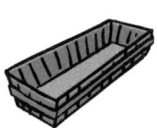

lovys
tağaraq

bidonas
söt çiləge

maišas
qapçıq

tvora
qoyma

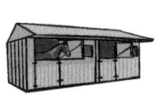

arklidė
abzar

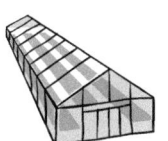

šiltnamis
essexanə

dirva
tufraq

sėkla
orlıq

trąšos
aşlama

kombainas
kombayn

ūkininko ūkis - çeftlek

rinkti — uñış cıyarğa

derlius — uñış

saldžiosios bulvės — yam

kviečiai — boday

soja — soya

bulvė — bərəñge

kukurūzai — məkkəy

rapsai — raps

vaismedis — cimeş ağaçı

manijokas — manyok

grūdai — börtekleler

ūkininko ūkis - çeftlek

namas
yort

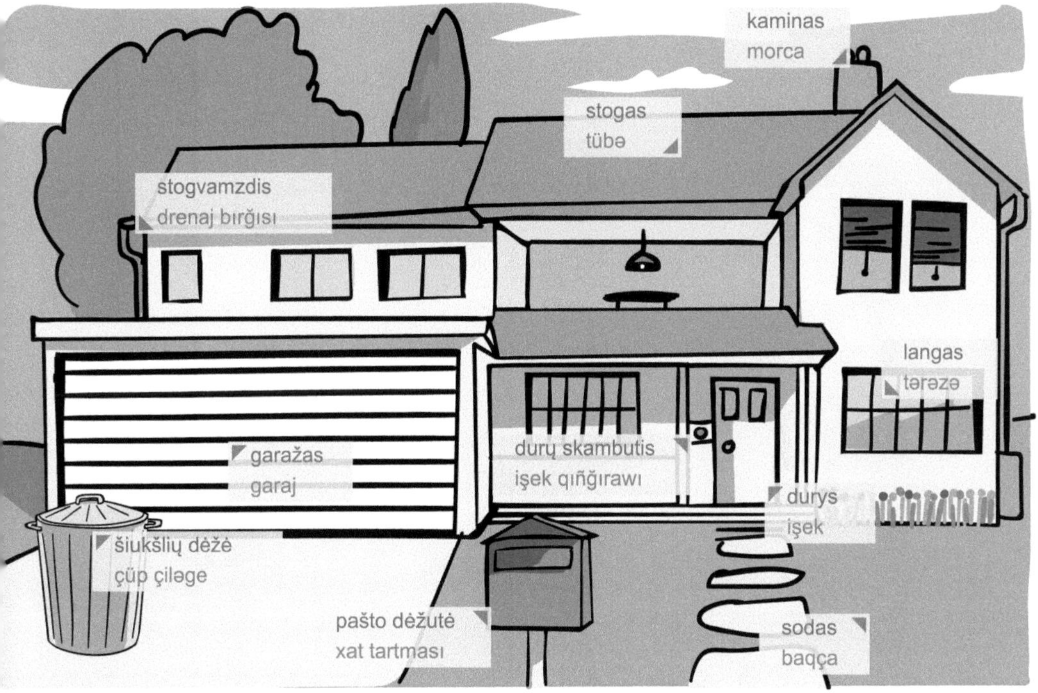

kaminas
morca

stogas
tübə

stogvamzdis
drenaj bırğısı

langas
tərəzə

garažas
garaj

durų skambutis
işek qıñğırawı

durys
işek

šiukšlių dėžė
çüp çiləge

pašto dėžutė
xat tartması

sodas
baqça

svetainė
qunaq bülməse

vonios kambarys
yuınu bülməse

virtuvė
aş bülməse

miegamasis
yataq bülməse

vaiko kambarys
bala bülməse

valgomasis
aş bülməse

namas - yort

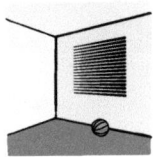

grindys
idän

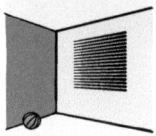

siena
diwar

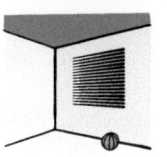

lubos
tüşəm

rūsys
tülə

sauna
sawna

balkonas
balkon

terasa
teras

baseinas
xəwez

žoliapjovė
çirəmçapqıç

paklodė
cəymə

lovatiesė
yataq yapması

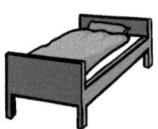

lova
yataq

šluota
seberke

kibiras
çilək

jungiklis
özgeç

namas - yort

svetainė
qunaq bülməse

- tapetai / diwar kəğəze
- nuotrauka / rəsem
- šviestuvas / lampa
- lentyna / kiştə
- spintelė / dulap
- židinys / çual
- televizorius / televiziyə
- gėlė / çəçək
- pagalvėlė / mendər
- vaza / nəlbək
- sofa / diwan
- nuotolinio valdymo pultelis / yıraqtan boyırma

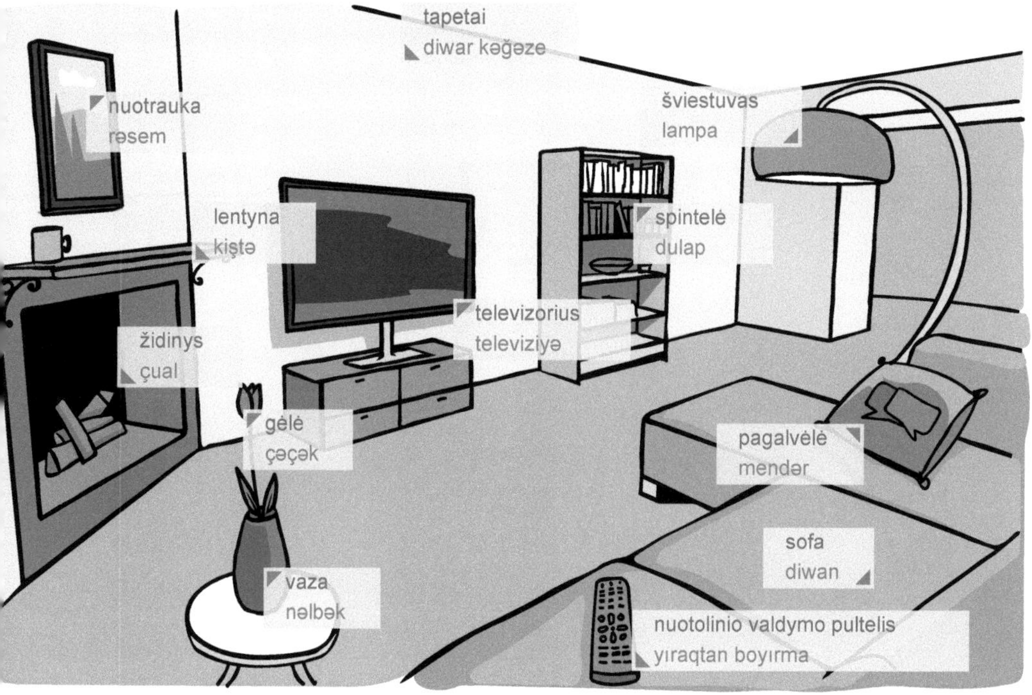

kilimas
keləm

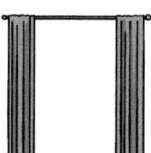

užuolaida
pərdə

stalas
östəl

kėdė
urındıq

supamasis krėslas
tirbəlmə urındıq

fotelis
kənəfi

svetainė - qunaq bülməse

knyga	antklodė	papuošimai
kitap	yapma	dekor

malkos	filmas	stereo aparatūra
utın	film	hi-fi

raktas	laikraštis	paveikslas
açqıç	gəcit	sürət

plakatas	radijas	užrašų knygelė
poster	radio	quyın dəftəre

dulkių siurblys	kaktusas	žvakė
tuzansuırğıç	kaktus	şəm

svetainė - qunaq bülməse

virtuvė
aş bülməse

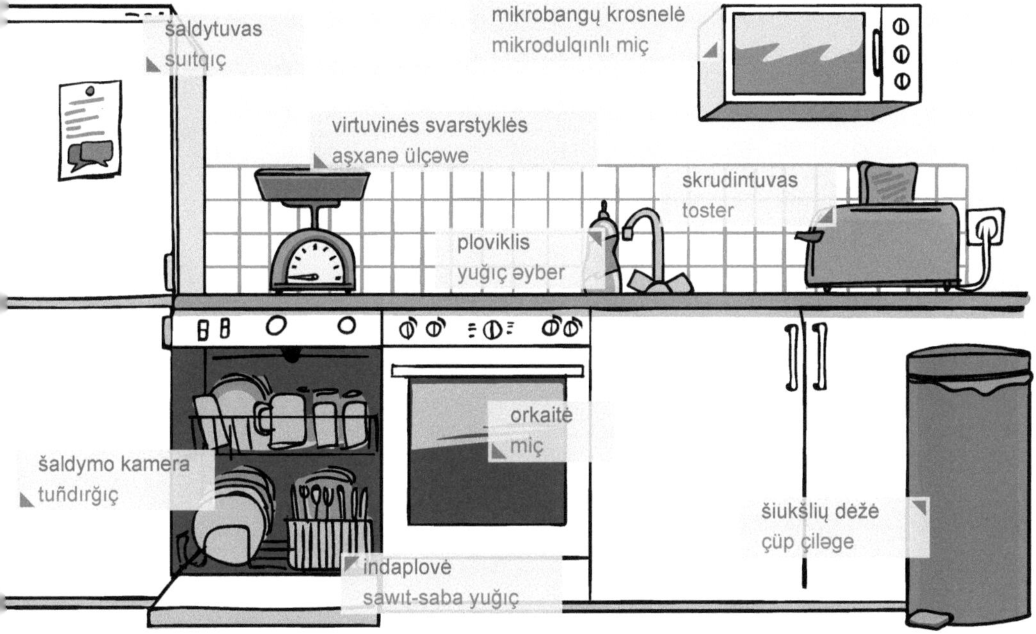

- šaldytuvas / suıtqıç
- mikrobangų krosnelė / mikrodulqınlı miç
- virtuvinės svarstyklės / aşxanə ülçəwe
- skrudintuvas / toster
- ploviklis / yuğıç əyber
- orkaitė / miç
- šaldymo kamera / tuñdırğıç
- šiukšlių dėžė / çüp çiləge
- indaplovė / sawıt-saba yuğıç

viryklė
əwsək

puodas
sağan

ketaus puodas
çuyın sağan

„wok" keptuvė
wok

keptuvė
taba

virdulys
çəygün

virtuvė - aş bülməse

garų puodas
bulı peşergeç

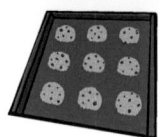

kepimo skarda
qalay

porceliano indai
sawıt-saba

puodelis
təgəç

dubuo
kəsə

valgomosios lazdelės
aşaw tayaqçıqları

samtis
ucaw

mentelė
spatula

plaktuvas
tuğlağıç

koštuvas
sözgeç

sietas
ilək

trintuvė
qırğıç

grūstuvė
kile

kepsninė
barbekü

atvira liepsna
açıq uçaq

pjaustymo lentelė
taqta

kočėlas
uqlaw

kamščiatraukis
böke suırğıç

skardinė
metal tartma

skardinių atidarytuvas
kənsir açqıç

puodkėlė
miç biyələye

kriauklė
kirşən

šepetys
fırça

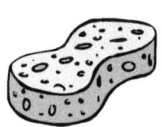
kempinė
bolıt

trintuvas
blender

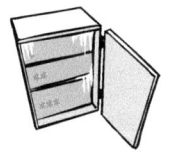
šaldiklis
tirən tuñdırğıç

kūdikių buteliukas
imezlekle şeşə

čiaupas
çömək

virtuvė - aş bülməsə

vonios kambarys
yuınu bülməse

- šildymas / cılıtu
- rankšluostis / sölge
- dušas / duş
- vonios putos / kübekle vanna
- dušo užuolaidos / duş pərdəse
- vonia / vanna
- stiklinė / tustağan
- skalbimo mašina / ker yuğıç
- plytelės / fayans
- čiaupas / çömək
- naktinis puodukas / lazemlek
- kriauklė / kirşən

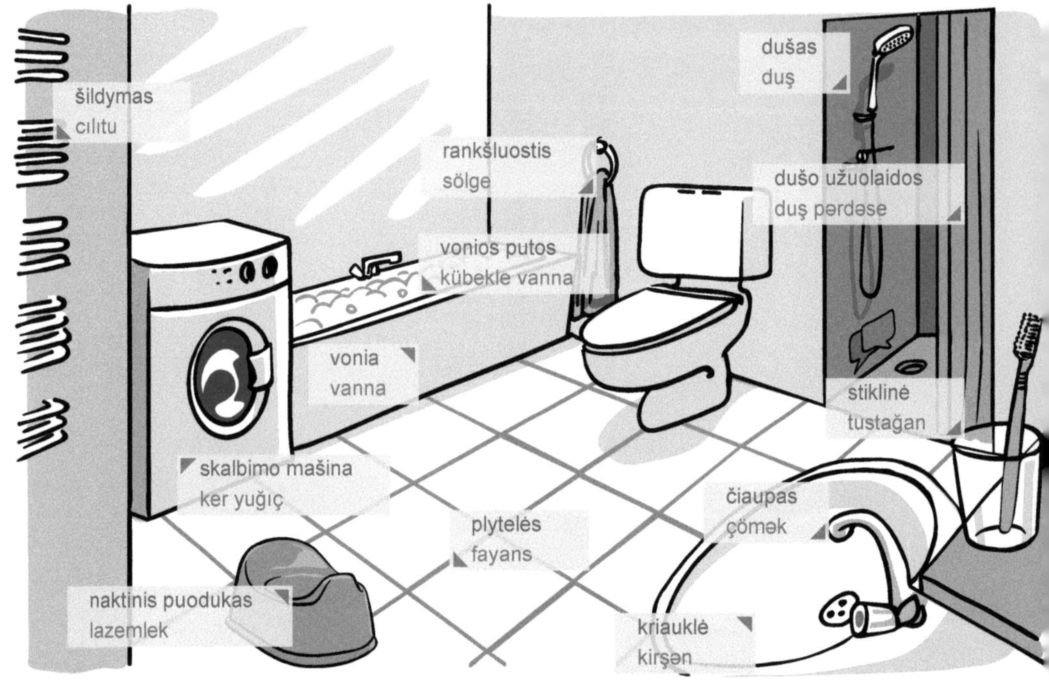

unitazas
bədrəf

tupimasis unitazas
törekçə bədrəf

bidė
bide

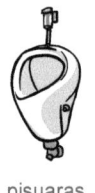

pisuaras
pissuar

tualetinis popierius
bədrəf kəğəze

unitazo šepetys
bədrəf fırçası

vonios kambarys - yuınu bülməse

dantų šepetėlis
teş fırçası

dantų pasta
teş məğcüne

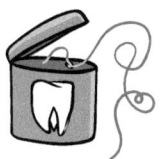
dantų siūlas
teş cebe

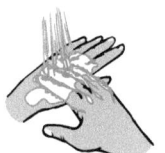
plauti
yuarğa

dušo galvutė
duş başlığı

higieninis dušas
duş

praustuvas
kirşən

nugaros plaušinė
arqa fırçası

muilas
sabın

dušo želė
duş señəle

šampūnas
şampun

plaušinė
munçala

kanalizacija
ağım

kremas
krem

dezodorantas
dezodorant

vonios kambarys - yuınu bülməse

veidrodis
közge

veidrodėlis
qul közgese

skustuvas
östərə

skutimosi putos
qırınu kübege

losjonas po skutimosi
qırınu losyonı

šukos
taraq

šepetys
fırça

plaukų džiovintuvas
fön

plaukų lakas
çəç sprəye

makiažas
makiyaj

lūpdažis
iren innege

nagų lakas
tırnaq cələse

vata
mamıq

žirklutės nagams
tırnaq qayçısı

kvepalai
xuşbuy

vonios kambarys - yuınu bülməse

maišelis skalbiniams
makiyaj buqçası

taburetė
utırğıç

svarstyklės
ülçəw

chalatas
çoba

guminės pirštinės
rezin iləsə

tamponas
tampon

higieninis įklotas
higiyenik pəd

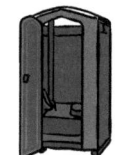
biotualetas
kimiyəwi bədrəf

vonios kambarys - yuınu bülməse

vaiko kambarys
bala bülməse

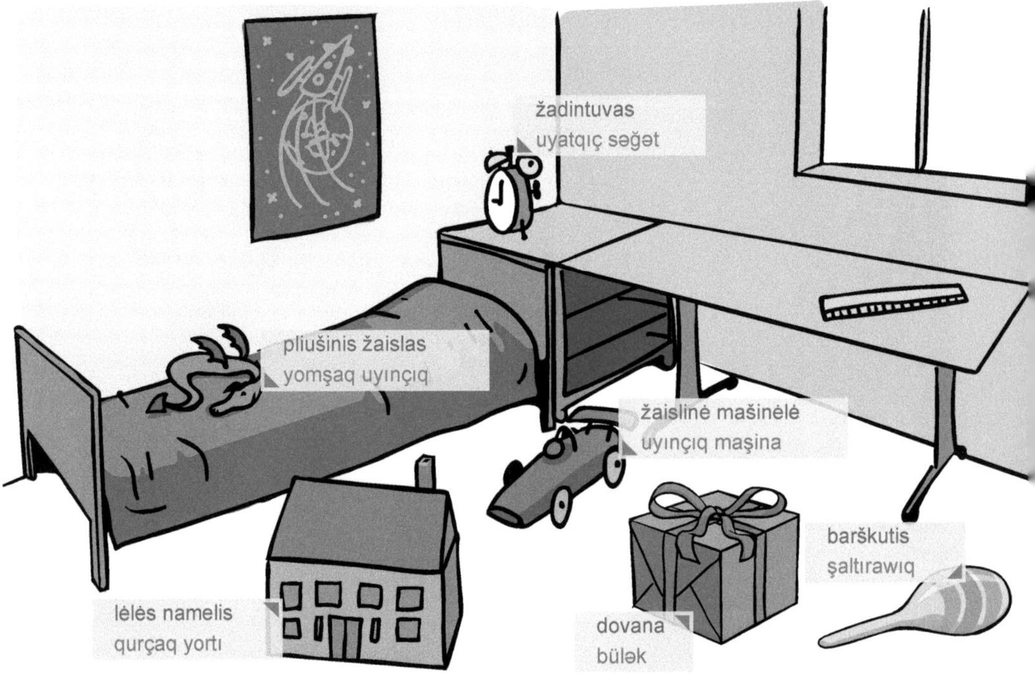

žadintuvas
uyatqıç səğət

pliušinis žaislas
yomşaq uyınçıq

žaislinė mašinėlė
uyınçıq maşina

barškutis
şaltırawıq

lėlės namelis
qurçaq yortı

dovana
bülək

balionas

hawa şarı

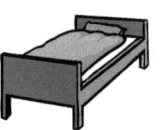

lova

yataq

vaikiškas vežimėlis

bəbi arbası

kortų malka

kərt dəstəsə

delionė

pazl

komiksai

komiks

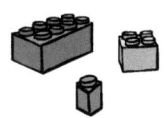
lego kaladėlės
lego kirpeçləre

žaislinės kaladėlės
şaqmaqlar

figūrėlė
uyın sınçığı

šliaužtinukai
zıbın

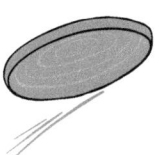
mėtymo lėkštė
frisbi

karuselė
mobil

stalo žaidimas
östəl uyını

kauliukai
uyın taşı

žaislinis traukinys
trən modele cıyılması

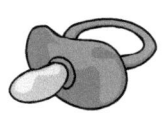
žindukas
imezlek

vakarėlis
kiçə

paveiksliukų knygelė
rəsemle kitap

kamuolys
tup

lėlė
qurçaq

žaisti
uynarğa

smėlio dėžė
qomlıq

sūpynės
tağan

žaislai
uyınçıqlar

žaidimų konsolė
uyın quşması

triratukas
öç köpçəkle səpid

meškiukas
uyınçıq ayu

drabužių spinta
kiyem dulabı

drabužis
kiyem

kojinės
oyıqbaş

kojinės virš kelių
oyıq

pėdkelnės
oyığıştan

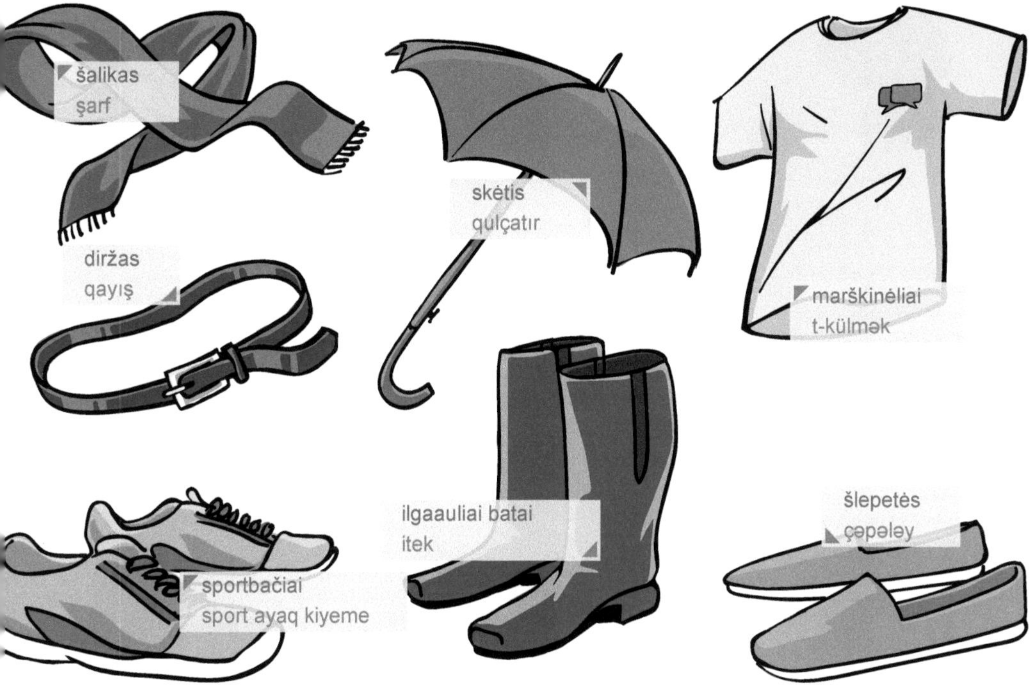

šalikas
şarf

skėtis
qülçatır

marškinėliai
t-külmək

diržas
qayış

ilgaauliai batai
itek

šlepetės
çəpələy

sportbačiai
sport ayaq kiyeme

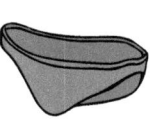

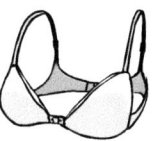

sandalai	batai	guminiai batai
sandallar	ayaq kiyeme	rezin itek

trumpikės	liemenėlė	liemenė
tənban	tüşti	cələk

drabužis - kiyem

glaustinukė   kelnės   džinsai
bodi   çalbar   jins

sijonas   palaidinė   marškiniai
itək   bluz   külmək

megztinis   megztinis su gobtuvu   švarkelis
sviter   hudi   bleyzer

švarkas   paltas   lietpaltis
jaket   bişmət   yañğırlıq

kostiumas   suknelė   vestuvinė suknelė
kəçtüm   külmək   tuy külməge

drabužis - kiyem

kostiumas
taqım kiyem

naktiniai marškiniai
tönge külmək

pižama
pijama

saris
sari

skarelė
yawlıq

tiurbanas
çalma

burka
burqa

kaftanas
çapan

abaja
abaya

maudymosi kostiumėlis
qoyınu kiyeme

glaudės
yözü tənbanı

šortai
şort

sportinis kostiumas
sport kiyeme

prijuostė
alyapqıç

pirštinės
iləsə

drabužis - kiyem

saga
töymə

akiniai
küzlek

apyrankė
beləzek

vėrinys
muyınsa

žiedas
baldaq

auskaras
alqa

kepurė
kəpəç

pakabas
elgeç

skrybėlė
eşləpə

kaklaraištis
muyınbaw

užtrauktukas
zıncır

šalmas
oçlam

breketai
çalbar asması

mokyklinė uniforma
məktəp forması

uniforma
forma

drabužis - kiyem

seilinukas
balalar kükrəkçəse

žindukas
imezlek

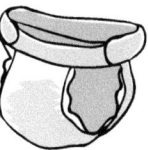
vystyklai
küzələ

biuras
ofis

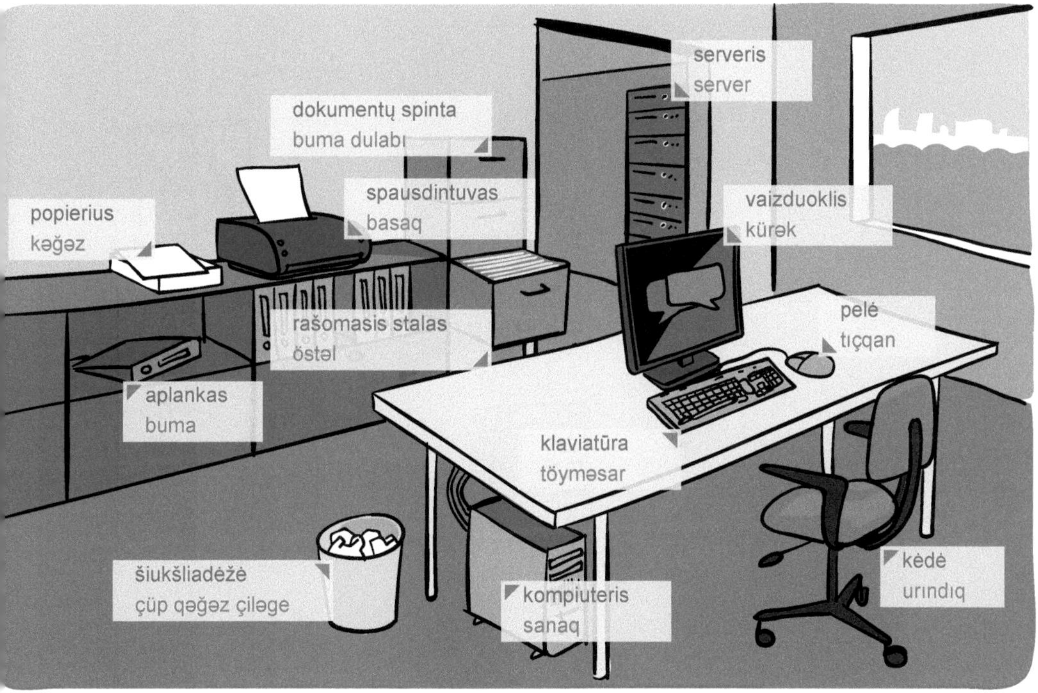

serveris
server

dokumentų spinta
buma dulabı

spausdintuvas
basaq

vaizduoklis
kürək

popierius
kəğəz

rašomasis stalas
östəl

pelė
tıçqan

aplankas
buma

klaviatūra
töymǝsar

šiukšliadėžė
çüp qəğəz çiləge

kompiuteris
sanaq

kėdė
urındıq

kavos puodelis
qəhwə təgəçe

kalkuliatorius
sansanar

internetas
internet

nešiojamasis kompiuteris
ləptop

laiškas
xat

žinutė
xəbər

mobilusis telefonas
kesə telefonı

tinklas
çeltər

fotokopijavimo aparatas
fotokopyaçı

programinė įranga
program təminatı

telefonas
telefon

kištukinis lizdas
ayırğıç

faksas
faks

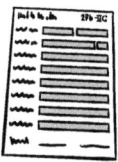
forma
form

dokumentas
dokument

biuras - ofis

ekonomika
iqtisad

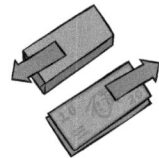
pirkti
satıp alırğa

mokėti
tülərgə

prekiauti
səwdə itərgə

pinigai
aqça

doleris
dollar

euras
euro

jena
yen

rublis
sum

Šveicarijos frankas
frank

juanis
yuan

rupija
rupi

bankomatas
bankomat

ekonomika - iqtisad

valiutos keitykla

valüta bürosı

auksas

altın

sidabras

kömeş

nafta

qaramay

energija

energiyə

kaina

bəyə

sutartis

kontrakt

mokestis

salım

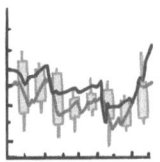

akcijos

stok

dirbti

eşlərgə

darbuotojas

eşçe

darbdavys

eş birüçe

gamykla

fabrika

parduotuvė

kibet

ekonomika - iqtisad

profesijos
hönərlər

policininkas
polisə xezmətkərə

ugniagesys
yanğın sündərüçə

virėjas
aşçı

gydytojas
tabib

lakūnas
oçuçı

sodininkas
baqçaçı

stalius
ağaç ostası

siuvėja
tegüçe

teisėjas
xökemçe

chemikas
kimiyəçe

aktorius
aktor

profesijos - hönərlər

autobuso vairuotojas

awtobus yörtüçe

taksi vairuotojas

taksiçe

žvejys

balıqçı

valytoja

cıyıştıruçı xatın

stogdengys

tübə yabuçı

padavėjas

tabınçı

medžiotojas

awçı

dailininkas

rəssam

kepėjas

ikməkçe

elektrikas

elektrçı

statybininkas

tözüçe

inžinierius

möhəndis

mėsininkas

itçe

santechnikas

çöməkçe

paštininkas

yamılçı

profesijos - hönərlər

kareivis
ğəskəri

architektas
miğmar

kasininkas
kassir

gėlininkas
çəçəkçe

kirpėjas
çəçtaraş

konduktorius
konduktor

mechanikas
mekanik

kapitonas
kapitan

odontologas
teş tabibı

mokslininkas
ğalim

rabinas
rabbi

imamas
imam

vienuolis
kəşiş

kunigas
ruxani

profesijos - hönərlər

įrankiai
əlɑtlər

plaktukas
çükeç

atsuktuvas
şörepborğıç

replės
qarğaborın

raktas
İngliz açqıçı

suvirinimo aparat
qul fanarı

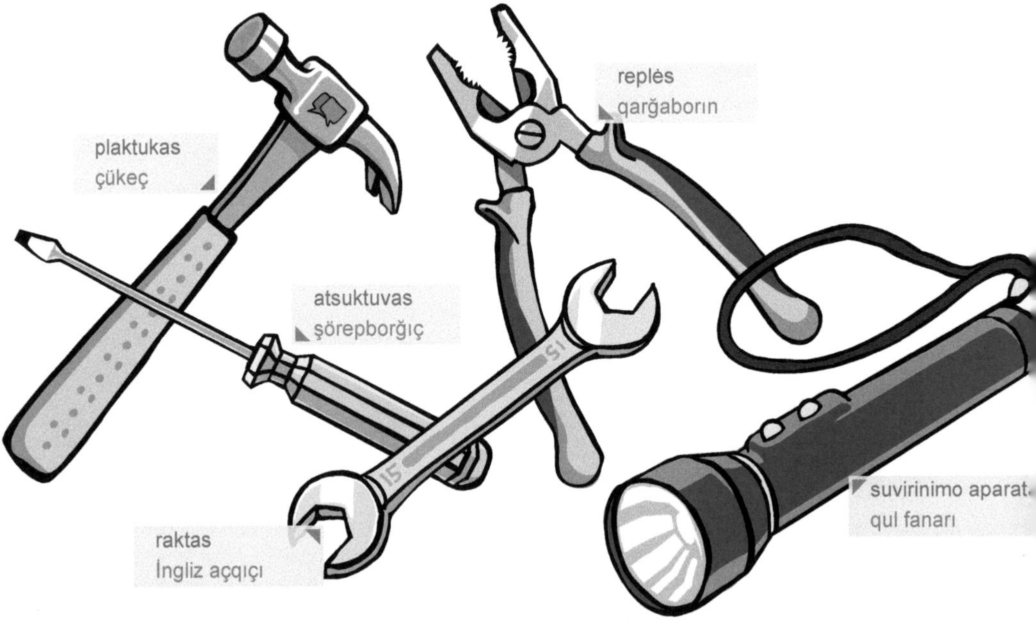

ekskavatorius

qazu maşinası

įrankių dėžė

ələt buqçası

kopėčios

basqıç

pjūklas

pıçqı

vinys

qadaqlar

grąžtas

dril

taisyti
tözətergə

kastuvas
körək

Velniava!
Şaytan alğırı!

semtuvėlis
sosqı

dažų skardinė
buyaw sawıtı

varžtai
mıqlar

muzikos instrumentai
muzıka alətlərе

garsiakalbis
tawış köçəytkeç

būgnų rinkinys
dawılbaz taqımı

kontrabosas
kontrabas

trimitas
bırğı

gitara
gitar

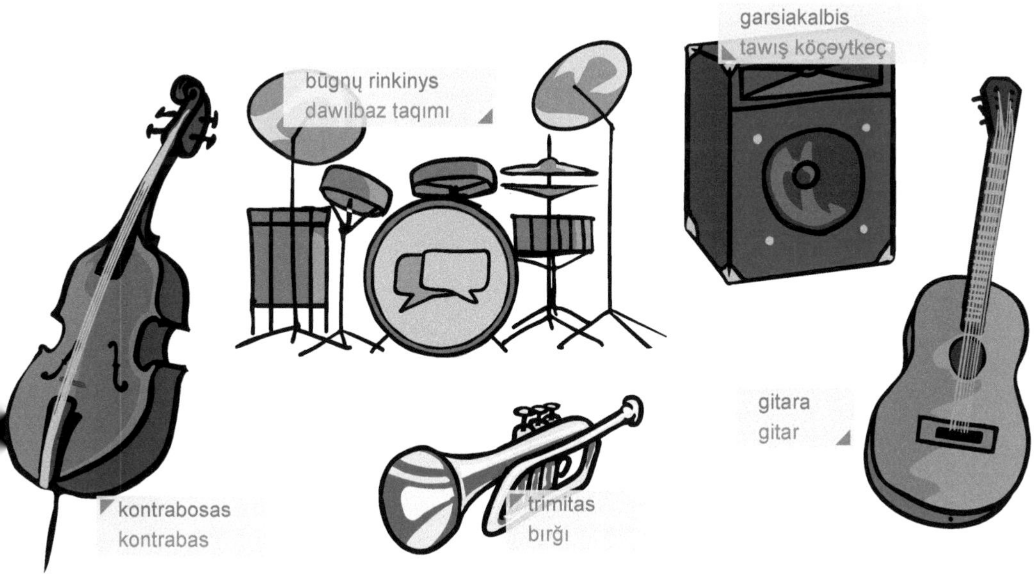

pianinas
piano

smuikas
kəmən

bosinė gitara
bas gitar

timpanas
timpani

būgnai
dawılbaz

sintezatorius
töyməsar

saksofonas
saksofon

fleita
flüt

mikrofonas
mikrofon

muzikos instrumentai - muzıka alətlərе

zoologijos sodas
xaywan baqçası

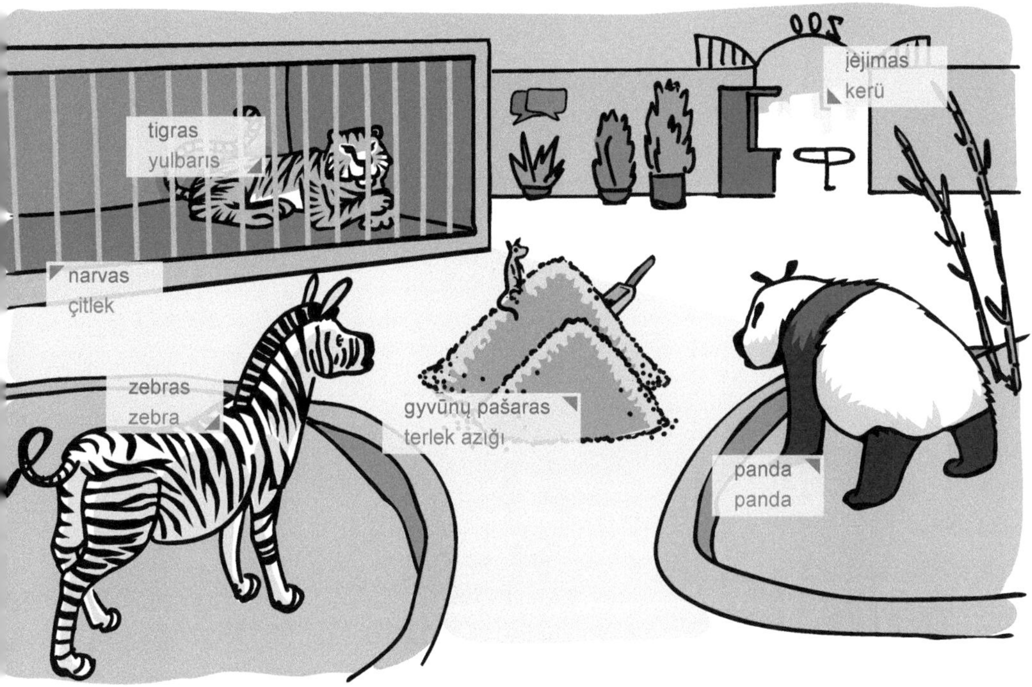

tigras / yulbarıs

jėjimas / kerü

narvas / çitlek

zebras / zebra

gyvūnų pašaras / terlek azığı

panda / panda

gyvūnai
xaywannar

dramblys
fil

kengūra
köngerə

raganosis
kərkədən

gorila
gorilla

meška
ayu

kupranugaris
döyə

strutis
təwə qoşı

liūtas
arıslan

beždžionė
maymıl

flamingas
flamingo

papūga
tutıy qoş

baltoji meška
aq ayu

pingvinas
pingwin

ryklys
küpek balığı

povas
tawis

gyvatė
yılan

krokodilas
timsax

zoologijos sodo prižiūrėtojas

xaywan baqçası
xezmətkəre

ruonis
suete

jaguaras
yaguar

zoologijos sodas - xaywan baqçası

ponis — poni

leopardas — qaplan

begemotas — su ayğırı

žirafa — zörəfə

erelis — börket

šernas — qaban duñğızı

žuvis — balıq

vėžlys — taşbaqa

vėplys — morşa

lapė — tölke

gazelė — ğəzəl

zoologijos sodas - xaywan baqçası

sportas
sport törləre

užsiėmimai
itkenleklər

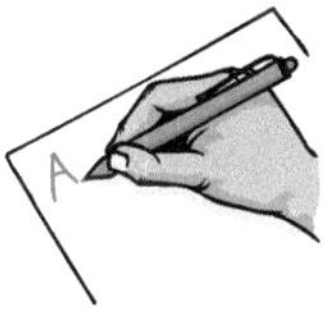

- šokinėti / sikerergə
- juoktis / kölərgə
- apkabinti / qoçaqlarğa
- dainuoti / cırlarğa
- vaikščioti / yörergə
- melstis / ğibədət qılırğa
- bučiuoti / übərgə
- svajoti / xıyallanırğa

rašyti
yazarğa

piešti
rəsem yasarğa

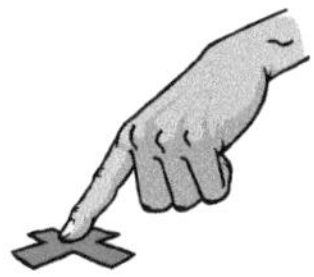

rodyti
kürsətergə

stumti
etərgə

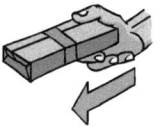

duoti
birergə

imti
alırğa

užsiėmimai - itkenleklər

turėti
iyə bulırğa

daryti
eşlərgə

būti
bulırğa

stovėti
basıp torırğa

bėgti
yögerergə

traukti
tartırğa

mesti
taşlarğa

kristi
yığılırğa

meluoti
yatarğa

laukti
kötərgə

nešti
taşırğa

sėdėti
utırırğa

rengtis
kiyenergə

miegoti
yoqlarğa

pabusti
uyanırğa

žiūrėti
qararğa

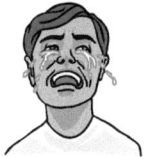
verkti
yılarğa

glostyti
sıyparğa

šukuoti
tararğa

kalbėti
söyləşergə

suprasti
añlarğa

paklausti
sorarğa

klausytis
tıñlarğa

gerti
eçərgə

valgyti
aşarğa

tvarkytis
cıyıştırınırğa

mylėti
söyərgə

gaminti
peşerergä

vairuoti
sörergə

skristi
oçarğa

užsiėmimai - itkenleklər

buriuoti	skaičiuoti	skaityti
diñgezgə açılu	isəpləw	uqırğa

mokytis	dirbti	vesti
öyrənergə	eşlərgə	öylənergə
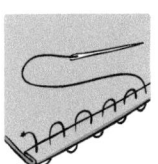	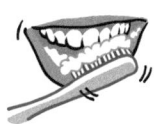	
siūti	valytis dantis	žudyti
tegərgə	teş fırçalarğa	üterergə

rūkyti	siųsti	
təməke tartırğa	cibərergə	

užsiėmimai - itkenleklər

šeima
ğailə

senelė / əbi

senelis / babay

tėvas / ata

motina / ana

kūdikis / sabıy

dukra / qız

sūnus / ul

svečias

qunaq

teta

apa

dėdė

abıy

brolis

abıy / ene

sesuo

apa / señel

šeima - ğailə

kūnas
tən

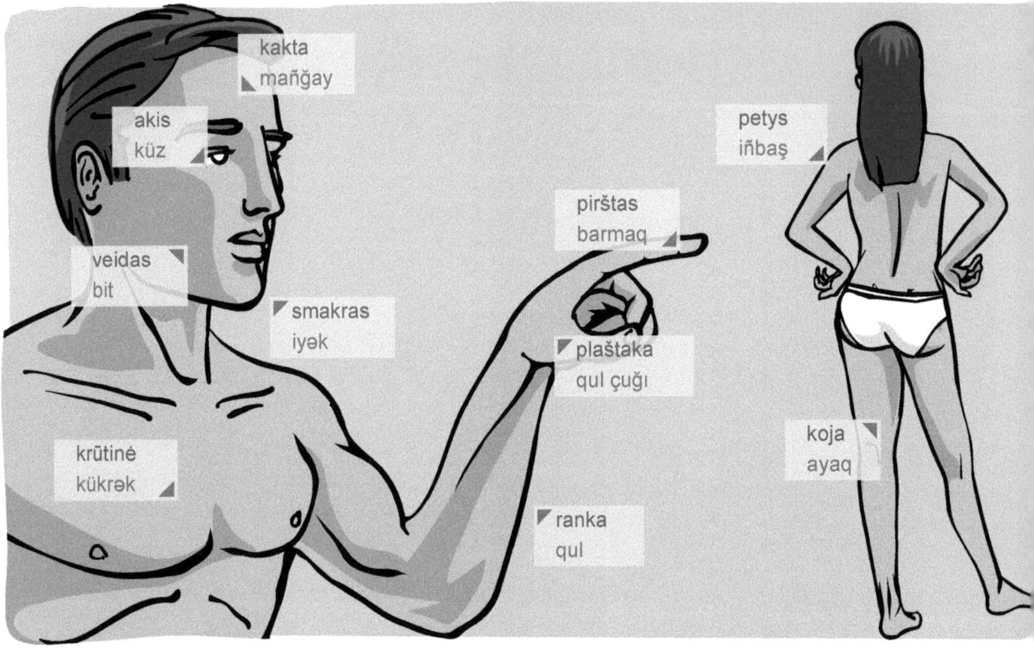

kakta
mañğay

akis
küz

petys
iñbaş

pirštas
barmaq

veidas
bit

smakras
iyək

plaštaka
qul çuğı

krūtinė
kükrək

koja
ayaq

ranka
qul

kūdikis

sabıy

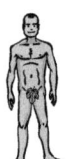

vyras

ir

moteris

xatın

mergaitė

qız

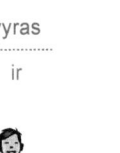

berniukas

malay

galva

baş

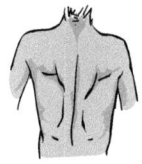

nugara
arqa

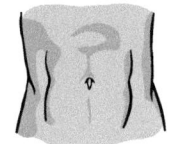

pilvas
eç

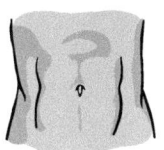

bamba
kendek

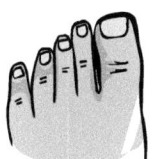

kojos pirštas
ayaq barmağı

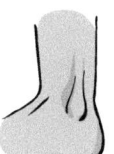

kulnas
ükçə

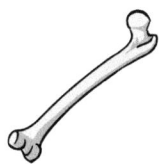

kaulas
söyək

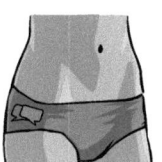

klubas
bot

kelis
tez

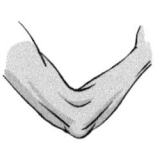

alkūnė
tersək

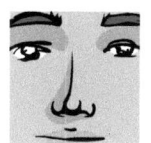

nosis
borın

sėdmenys
art san

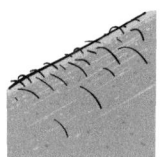

oda
tire

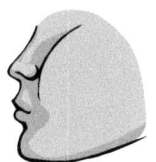

skruostas
yañaq

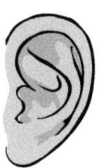

ausis
qolaq

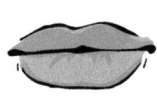

lūpa
iren

kūnas - tən

 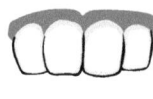 

| burna | dantis | liežuvis |
| awız | teş | tel |

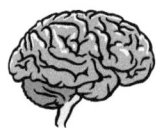 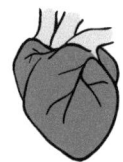 

| smegenys | širdis | raumuo |
| mi | yörək | ğəzlə |

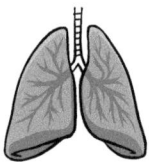  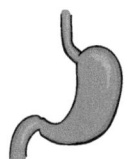

| plaučiai | kepenys | skrandis |
| üpkə | bawır | aşqazanı |

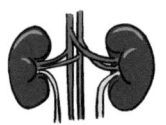  

| inkstai | seksas | prezervatyvas |
| böyerlər | seks | prezervativ |

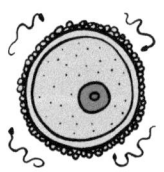 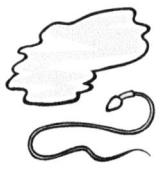 

| kiaušialąstė | sperma | nėštumas |
| kükəy küzənək | məni | kömən |

kūnas - tən

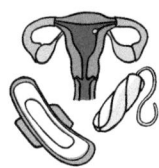

menstruacijos
kürem

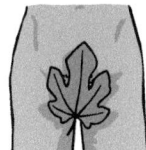

makštis
vagina

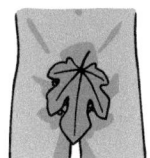

varpa
penis

antakis
qaş

plaukai
çəçlər

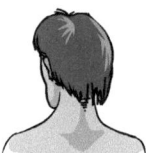

kaklas
muyın

ligoninė
xastaxanə

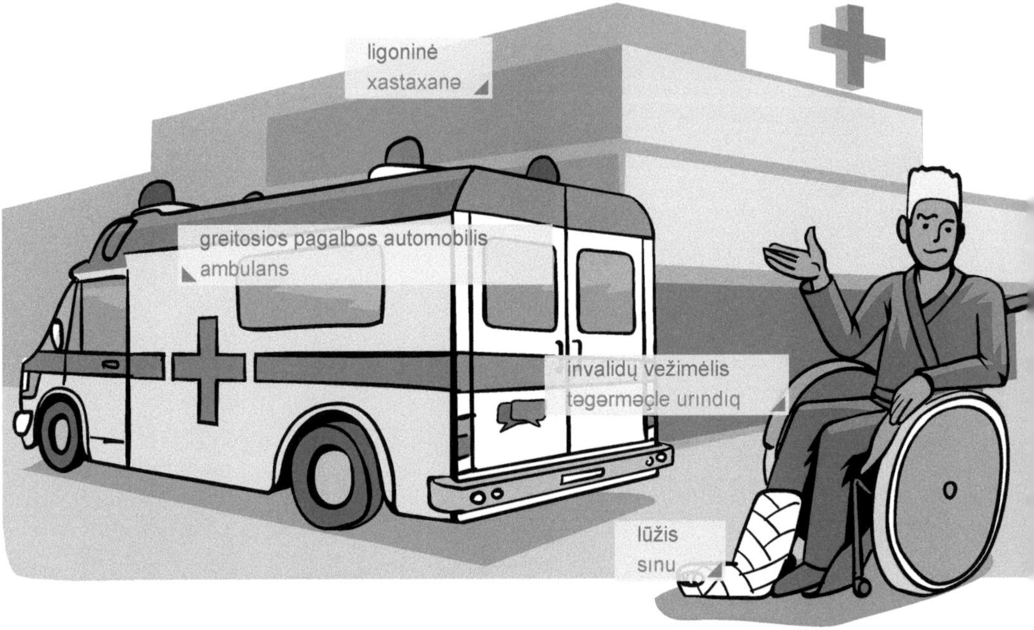

ligoninė
xastaxanə

greitosios pagalbos automobilis
ambulans

invalidų vežimėlis
təgərməcle urındıq

lūžis
sınu

gydytojas

tabib

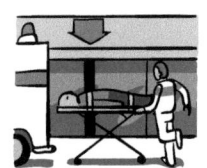

skubios pagalbos skyrius

aşığıç yərdəm bülməse

slaugytoja

şəfqət tutaşı

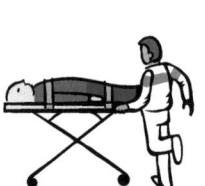

nelaimingas atsitikimas

kiçektergesez xəl

be sąmonės

añsız

skausmas

awırtu

ligoninė - xastaxanə

sužalojimas
cərəxətlənü

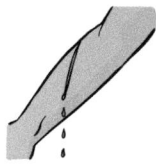
kraujavimas
qan ağu

širdies smūgis
infarkt

insultas
insult

alergija
allergiyə

kosulys
yütəl

karščiavimas
qızu

gripas
grip

viduriavimas
eç kitü

galvos skausmas
baş awırtu

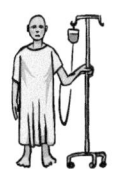
vėžys
yaman şeş

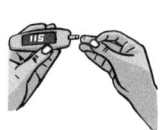
diabetas
diabet

chirurgas
xirurg

skalpelis
skalpel

operacija
ğəməliyət

ligoninė - xastaxanə

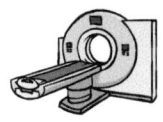
KT
ST

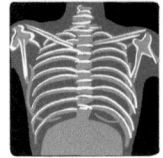
rentgenas
röntgen

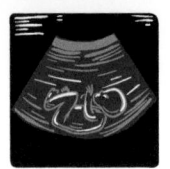
ultragarsas
ultratawış

veido kaukė
bitlek

liga
awıru

laukiamasis
kötü bülməse

ramentas
qultıq tayağı

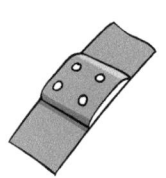
gipsas
plaster

tvarstis
bəyləweç

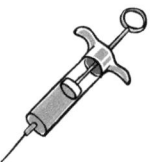
injekcija
qadaw

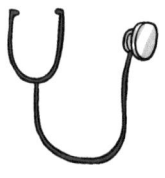
stetoskopas
stetoskop

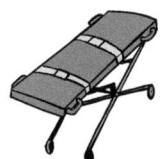
neštuvai
sədiyə

termometras
klinik termometr

gimimas
tuu

antsvoris
artıq awırlıq

ligoninė - xastaxanə

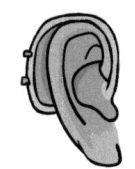
klausos aparatas
işetü cihazı

dezinfekavimo priemonė
dezinfektant

infekcija
yoğış

virusas
virus

ŽIV / AIDS
KİV / BİDS

vaistas
daru

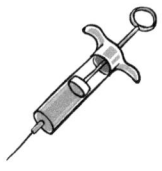
skiepijimas
vaksinalanu

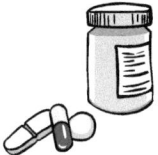
tabletės
tabletlər

piliulė
kontraseptiv tablet

skubios pagalbos numeris
aşığıç çaqıru

kraujospūdžio matuoklis
qan basımı ülçəgeçe

ligotas / sveikas
awıru / sələmət

nelaimingas atsitikimas
kiçektergesez xəl

pavojaus signalas
xəwef tawışı

užpuolimas
höcüm

Padėkite!
Qotqarığız!

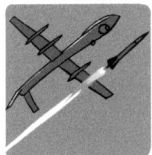
ataka
höcüm

pavojus
qurqınıç

avarinis išėjimas
aşığıç çığu

gesintuvas
ut sündergeç

nelaimingas atsitikimas
qaza

Gaisras!
Yanğın!

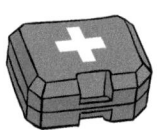
pirmosios pagalbos rinkinys
berençe yərdəm buqçası

SOS
SOS

policija
polisə

Žemė
Cir

Europa
Awrupa

Šiaurės Amerika
Tönyaq Amerika

Pietų Amerika
Könyaq Amerika

Afrika
Afrika

Azija
Asya

Australija
Awstralya

Atlanto vandenynas
Atlantik okean

Ramusis vandenynas
Tın okean

Indijos vandenynas
Hind okeanı

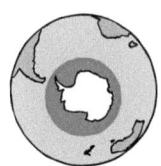

Pietų vandenynas
Antarktik okean

Arkties vandenynas
Arktik okean

Šiaurės ašigalis
Tönyaq qotıp

Žemė - Cir 77

Pietų ašigalis	Antarktida	Žemė
Könyaq qotıp	Antarktika	Cir

sausuma	jūra	sala
qorı cir	diñgez	utraw

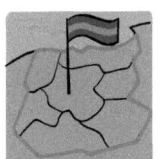 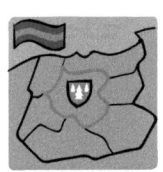

tauta	valstybė
millət	dəwlət

laikrodis
səğət

ciferblatas
səğət bite

valandinė rodyklė
səğət uğı

minutinė rodyklė
minut uğı

sekundinė rodyklė
sekund uğı

Kiek valandų?
Səğət niçə?

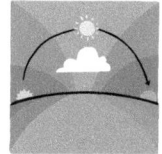
diena
kön

laikas
waqıt

dabar
xəzer

skaitmeninis laikrodis
dijital səğət

minutė
minut

valanda
səğət

savaitė
atna

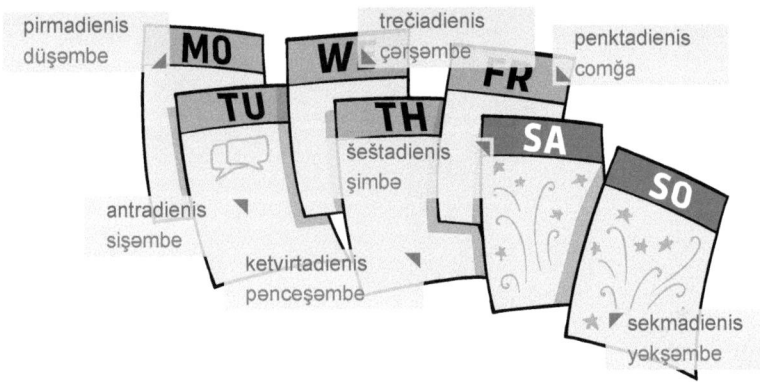

pirmadienis
düşəmbe

antradienis
sişəmbe

trečiadienis
çərşəmbe

ketvirtadienis
pəncəşəmbe

penktadienis
comğa

šeštadienis
şimbə

sekmadienis
yəkşəmbe

vakar
kiçə

šiandien
bügen

rytoj
irtəgə

rytas
irtə

vidurdienis
töş

vakaras
kiç

darbo dienos
eş könnəre

savaitgalis
yal könnəre

80 savaitė - atna

metai
yıl

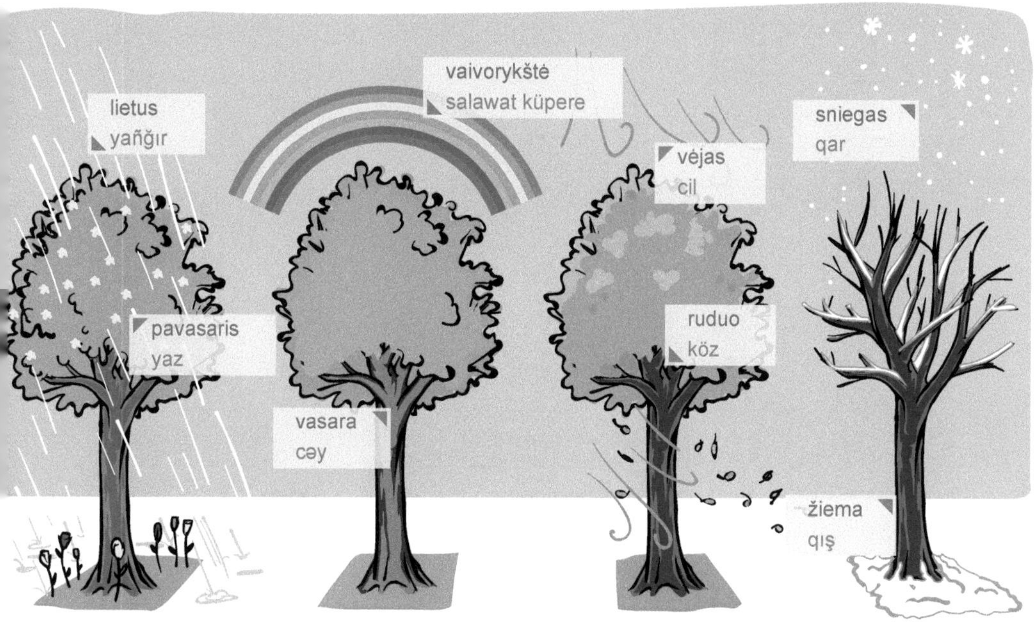

lietus
yañğır
vaivorykštė
salawat küpere
sniegas
qar
vėjas
cil
pavasaris
yaz
ruduo
köz
vasara
cəy
žiema
qış

4.APRIL 11°
5.APRIL 4°
6.APRIL 13°
7.APRIL 8°
8.APRIL 10°

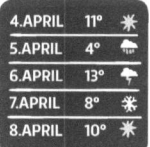

orų prognozė

hawa torışı

F C
120 40
90 30
60 20
30 10
0 0
-30 -10
-20

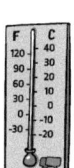

lauko termometras

termometr

saulės šviesa

qoyaş yaqtısı

debesis

bolıt

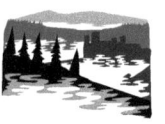

rūkas

toman

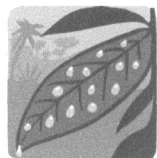

drėgmė

dımlılıq

žaibas	griaustinis	audra
yəşen	kük kükrəw	dawıl

kruša	musonas	potvynis
boz	musson	su basu

 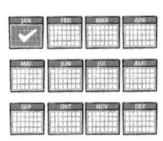 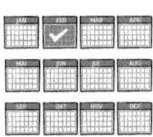

ledas	sausis	vasaris
boz	Qırlaç	Aqman

kovas	balandis	gegužė
Buşay	Yañarış	Saban

 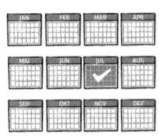 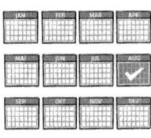

birželis	liepa	rugpjūtis
Çereşmə	Peçən	Uraq

metai - yıl

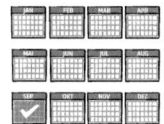
rugsėjis
Indır

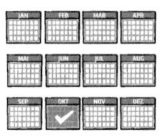
spalis
Bilek

lapkritis
Qaraköz

gruodis
Kerəw

formos
şəkellər

apskritimas
tügərək

kvadratas
dürtkel

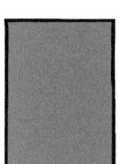
stačiakampis
turıpoçmaq

trikampis
öçpoçmaq

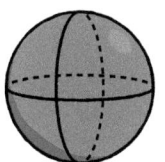
sfera
körrə

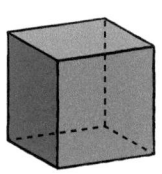
kubas
kub

spalvos
töslər

balta
aq

geltona
sarı

oranžinė
qızğılt sarı

rožinė
al

raudona
qızıl

violetinė
şəməxə

mėlyna
zəngər

žalia
yəşel

ruda
körən

pilka
sorı

juoda
qara

priešingos reikšmės žodžiai
qapma-qarşılıqlar

daug / mažai
küp / az

piktas / ramus
usal / tınıç

gražus / bjaurus
matur / yəmsez

pradžia / pabaiga
baş / axır

didelis / mažas
zur / keçkenə

šviesus / tamsus
yaqtı / qarañğı

brolis / sesuo
abıy, ene / apa, señel

švarus / purvinas
taza / pıçraq

užbaigtas / neužbaigtas
təmam / təmamlanmağan

diena / naktis
kön / tön

miręs / gyvas
üle / tere

platus / siauras
kiñ / tar

valgomas / nevalgomas
aşarğa yaraqlı / aşarğa yaraqsız

piktas / malonus
yaman / yaxşı

linksmas / nuobodus
dulqınlanğan / yalıqqan

storas / plonas
yuan / yabıq

pirmiausia / paskiausia
berençe / soñğı

draugas / priešas
dus / doşman

pilnas / tuščias
tulı / buş

kietas / minkštas
qatı / yomşaq

sunkus / lengvas
awır / ciñel

alkis / troškulys
açlıq / susaw

ligotas / sveikas
awıru / sələmət

nelegalus / legalus
qanunsız / qanunlı

protingas / kvailas
aqıllı / aqılsız

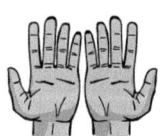

kairė / dešinė
sul / uñ

arti / toli
yaqın / yıraq

priešingos reikšmės žodžiai - qapma-qarşılıqlar

naujas / naudotas
yaña / qullanılğan

niekas / kažkas
hiçnərsə / nərsəder

senas / jaunas
ölkən / yəş

įjungta / išjungta
qabızdırılğan / sünderelgən

atidaryta / uždaryta
açıq / yabıq

tylus / garsus
tawışsız / göreltele

turtingas / vargšas
bay / yarlı

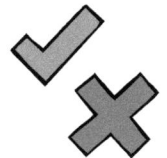
teisus / neteisus
döres / yalğış

šiurkštus / švelnus
qıtırşı / şoma

liūdnas / laimingas
küñelsez / küñelle

trumpas / ilgas
qısqa / ozın

lėtas / greitas
aqrın / tiz

drėgnas / sausas
dımlı / qorı

šiltas / šaltas
cılı / salqın

karas / taika
suğış / tınıçlıq

priešingos reikšmės žodžiai - qapma-qarşılıqlar

skaičiai
sannar

0
nulis
sıfır

1
vienas
ber

2
du
ike

3
trys
öç

4
keturi
dürt

5
penki
biş

6
šeši
altı

7
septyni
cide

8
aštuoni
sigez

9
devyni
tuğız

10
dešimt
un

11
vienuolika
unber

12 dvylika / unike

13 trylika / unöç

14 keturiolika / undürt

15 penkiolika / unbiş

16 šešiolika / unaltı

17 septyniolika / uncide

18 aštuoniolika / unsigez

19 devyniolika / untuğız

20 dvidešimt / yegerme

100 šimtas / yöz

1.000 tūkstantis / meñ

1.000.000 milijonas / million

skaičiai - sannar

kalbos
tellər

anglų
inglizçə

amerikiečių anglų
Amerika inglizçəse

kinų (mandarinų)
Mandarin qıtayçası

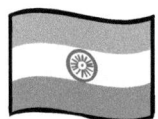
hindi
hindi

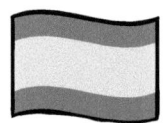
ispanų
İspança

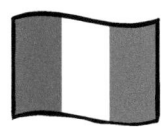
prancūzų
Fransızça

arabų
Ğərəpçə

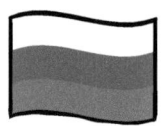
rusų
Rusça

portugalų
Portugalça

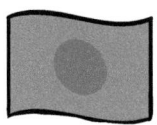
bengalų
Bengali

vokiečių
Almança

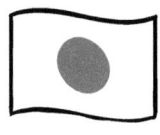
japonų
Yaponça

kas / ką / kaip
kem / nərsə / niçek

aš
min

tu
sin

jis / ji
ul / ul / ul

mes
bez

jūs
sez

jie
alar

kas?
kem?

ką?
nərsə?

kaip?
niçek?

kur?
qayda?

kada?
qayçan?

vardas
isem

kur
qayda

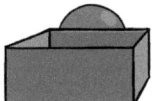

už
artta

kur (vieta)
eçendə

priešais
aldında

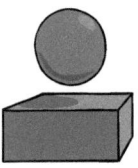

virš
östendə

ant
östendə

po
astında

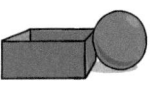

prie
yanında

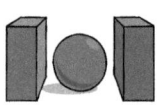

tarp
arasında

vieta
urın